Chérophobie : quand le bonheur fait peur

Chérophobie :

quand le bonheur fait peur

Véronique Lopez

Édition : BoD – Books on Demand, info@bod.fr
Impression : BoD – Books on Demand, In de Tarpen 42,
Norderstedt (Allemagne)
Impression à la demande

Illustration : par l'auteur

ISBN : 978-2-3225-0560-9

Dépôt légal : Octobre 2023

"Pour ne pas devenir très malheureux, le moyen le plus certain est de ne pas demander à être très heureux."

Arthur Schopenhauer

SOMMAIRE

AVANT-PROPOS

Le bonheur semble si naturel, si spontané pour beaucoup. Une étreinte chaleureuse, un fou rire avec des amis, une victoire professionnelle... Autant de petites joies simples du quotidien, de sources d'épanouissement.

Pourtant, certaines personnes semblent fuir ces moments comme la peste, les perçoivent comme menaçants, contradiction étrange s'il en est. J'ai mis des années à percer le mystère de ce paradoxe. Et si derrière se cachait une véritable phobie, un blocage psychique face au bonheur ?

C'est cette fascinante énigme que je vous invite à explorer dans cet ouvrage. Nous suivrons pas à pas le lent dévoilement du trouble, l'identification de ses symptômes, l'analyse de ses origines souvent enfouies. Puis, nous explorerons les solutions pour retrouver le chemin de la sérénité.

À travers cet ouvrage, je souhaite apporter un éclairage sur cette problématique méconnue qu'est la chérophobie, afin de permettre à ceux qui en souffrent de mieux comprendre et d'apprivoiser leur peur panique du bonheur. Mon ambition est de leur fournir des clés pour entamer un véritable travail thérapeutique et retrouver une vie épanouie. Car la chérophobie, aussi absurde puisse-t-elle paraître, représente une réelle détresse qui brise bien des existences.

Identifier ses racines et ses manifestations peut être le premier pas vers la guérison.

C'est tout l'enjeu de ce livre : contribuer à sortir la chérophobie de l'ombre, afin que le bonheur puisse à nouveau être vécu sereinement.

INTRODUCTION

Au cours de mes séances de psychothérapie et de psychanalyse, j'ai été confrontée à de nombreux patients souffrant de troubles anxieux et dépressifs. Au fil des années, j'ai réalisé que certains d'entre eux présentaient des symptômes atypiques, que je n'arrivais pas à classer dans les cadres nosographiques habituels. Après de patientes observations, j'ai fini par identifier le dénominateur commun : une peur panique du bonheur et du plaisir. Je me trouvais face à des cas de chérophobie.

Contrairement à la dépression, ce trouble, encore peu diagnostiqué, ne s'accompagne pas d'une humeur triste ou morose persistante. Le DSM-5 décrit la dépression comme "une humeur dépressive présente pratiquement toute la journée, presque tous les jours" (1).

Les chérophobes peuvent au contraire présenter une humeur normale, voire joyeuse, en dehors des épisodes aigus de peur ou de panique face aux situations positives.

Ils ne répondent pas non plus aux critères de perte d'intérêt, de fatigue, de culpabilité excessive ou de troubles du sommeil et de l'appétit définissant un épisode dépressif majeur (1).

Par ailleurs, la chérophobie se distingue des troubles bipolaires, caractérisés par une alternance de phases dépressives et maniaques (2). Le sujet chérophobe ne présente pas de signes typiques de manie comme une euphorie et une hyperactivité anormales, une réduction du besoin de sommeil, des propos et idées accélérés ou encore une augmentation de l'estime de soi.

Bien que pouvant entraîner des souffrances psychologiques, la chérophobie apparaît donc comme une entité nosographique distincte des troubles de l'humeur, ce qui justifie une prise en charge spécifique.

J'ai choisi d'aborder la chérophobie sous différents angles dans cet ouvrage : symptômes, origines, traitements... Plutôt que de présenter le trouble de façon linéaire, ce découpage en chapitres thématiques permet d'approfondir chaque facette, de l'explorer sous toutes ses coutures :

• En isolant les manifestations cliniques, nous pourrons les analyser une à une dans le détail, et ainsi saisir la complexité de leur intrication chez le patient.

• En disséquant méthodiquement les racines traumatiques de la chérophobie, nous augmenterons nos chances de remonter à la source des blocages du patient.

• En dressant un panorama large des solutions thérapeutiques disponibles, nous pourrons orienter au mieux le patient vers les plus adaptées à son profil.

Je précise que certains témoignages décrivent des patients qui ne souffrent pas nécessairement de chérophobie à titre de trouble permanent, mais qui font preuve de cette phobie du bonheur à un moment spécifique de leur existence.

En effet, la chérophobie peut survenir de manière épisodique chez des personnes sans être un état durable. Elle peut être déclenchée par un événement traumatisant ou une période de fragilité, avant de se résorber avec le temps ou grâce à une prise en charge adaptée.

Mon intention est justement d'explorer la chérophobie sous toutes ses formes, y compris transitoires. Cela permet d'enrichir notre compréhension de ce phénomène complexe, qui peut toucher certains de manière située sans pour autant représenter une composante structurelle de leur personnalité.

L'objectif est moins de cataloguer des individus que de discerner des dynamiques psychiques singulières, propres à cette phobie irrationnelle du bonheur sous ses expressions variées.

Cette approche multidimensionnelle, bien que plus exigeante, me semble indispensable pour embrasser dans sa globalité cette pro-

blématique encore méconnue qu'est la chérophobie.

––––––––––

(1) DSM-5, American Psychiatric Association,
2015
(2) Haute Autorité de Santé, "Trouble bipolaire",
2010

HISTOIRE DE LA CHÉROPHOBIE

Le terme "chérophobie" vient du grec khaïro "se réjouir" et fóbos "la peur".

La peur du bonheur semble avoir touché certaines âmes sensibles dès l'Antiquité. Le philosophe grec Platon (428-348 av. J-C) évoque dans ses écrits « ces tempéraments qui ne peuvent s'épanouir sans sombrer dans la morosité, comme si tout plaisir leur était une souffrance ».

Au Moyen-âge, le poète persan Omar Khayyám (1048-1131) décrit dans ses vers les affres de « celui qui se complaît dans les larmes, fuyant l'allégresse comme la peste ». On trouve également dans des textes soufis des mentions de cette méfiance maladive pour la félicité.

Plus près de nous, le philosophe français Pascal (1623-1662) aborde la difficulté de certains esprits tourmentés à goûter le bonheur dans ses Pensées : « Rien n'est si insupportable à l'homme que d'être dans un plein repos, sans passion, sans affaire, sans divertissement, sans application ».

Chez Kierkegaard (1813-1855), la peur de la joie transparaît dans son concept de "maladie à la mort", cette incapacité à pleinement vivre qui ronge l'individu.

On trouve des descriptions plus spécifiques de cette phobie du plaisir dès les années 1950, notamment dans les écrits psychanalytiques de Freud. Dans son ouvrage "Au-delà du principe de plaisir" (1920), il évoque le cas de l'un de ses patients, Monsieur S. Lors de leurs séances d'analyse, Freud remarque que Monsieur S. semble systématiquement fuir ou saboter les situations susceptibles de lui apporter du plaisir et de la joie. Par exemple, cet homme d'affaires prospère travaille sans relâche en négligeant sa famille et ses loisirs. Ou encore, il repousse les avances de sa maîtresse qui pourrait lui apporter une relation épanouissante.

Freud émet l'hypothèse que Monsieur S. est animé par une pulsion de mort le poussant à s'infliger des souffrances. Mais au-delà, il décèle une véritable phobie de tout ce qui est agréable et joyeux dans l'existence. Il parle d'"une répulsion morbide pour les situations heureuses, comme si elles dissimulaient un piège ou un danger" (Freud S., 1920).

Bien que Freud ne nomme pas explicitement le terme "chérophobie", cette description clinique correspond parfaitement à ce trouble. Elle montre que ses prémices existaient dans la psychanalyse freudienne, avant même d'être identifiées en tant que telles.

Dans les années 1960-70, le psychiatre Fritz Riemann observe également des cas de patients présentant une "aversion pour tout excès de plaisir" et un "évitement maladif des situations agréables". Il parle d'un "refoulement pathologique de la joie de vivre".

Le psychologue humaniste Erich Fromm décrit lui en 1947 dans son ouvrage "Le complexe d'infériorité" des personnalités présentant une "incapacité à éprouver du plaisir" et un "sentiment de ne pas avoir le droit d'être heureux". Il relie ce trouble à un manque d'estime de soi et à des exigences intériorisées trop élevées.

On le voit, dès le milieu du 20e siècle, plusieurs psychologues et psychanalystes avaient perçu et décrit ce qui allait devenir la chérophobie, même si le terme exact n'était pas encore conceptualisé.

Actuellement, la chérophobie commence à être reconnue comme un trouble spécifique par certains chercheurs et praticiens. Des études récentes estiment qu'elle toucherait 2 à 5 % de la population, avec une prédominance féminine. Cependant, elle reste encore peu identifiée et diagnostiquée en dehors des cercles de psychologues, psychanalystes et psychothérapeutes avertis.

L'enjeu est donc désormais de continuer à documenter ce trouble pour le faire reconnaître officiellement par les autorités médicales et permettre une prise en charge adaptée des patients. Car derrière l'apparente absurdité de la chérophobie se dissimule une détresse bien réelle qui brise de nombreuses vies. Mieux comprendre ce phénomène est la première étape pour mieux le soulager.

PRINCIPAUX SYMPTÔMES

Je préfère préciser d'emblée que mes patients ne viennent pas me consulter en me demandant de les aider à affronter leur phobie du bonheur ou, encore moins, en se déclarant d'emblée "chérophobes". Ce trouble discret met du temps à se révéler. Souvent, ils expriment d'abord d'autres motifs de consultation classiques : problèmes de confiance en soi, difficultés relationnelles, troubles de l'humeur...

C'est seulement après plusieurs séances d'analyse, grâce à une observation attentive et d'échanges, que j'ai pu déceler chez certains ce point commun d'une peur irrationnelle du bonheur. Par un travail d'exploration empathique, en suivant leur cheminement intime, j'ai peu à peu ouvert les yeux sur cette problématique encore relativement méconnue.

Chez ces patients présentant ce profil singulier, j'ai pu observer certains symptômes récurrents :

- Une anxiété massive face aux événements festifs

- Un évitement des opportunités enthousiasmantes

- Un repli sur des activités routinières rassurantes

- L'impression que le bonheur est nuisible

- La crainte de décevoir ses proches en étant heureux

- L'idée que rechercher le plaisir est futile et dangereux

- Des pensées du type « Je ne mérite pas ce bonheur »

- Une tendance à la superstition (par exemple, la peur du "mauvais œil")

Voici quelques exemples concrets, que mes patients m'ont gentiment autorisée à partager* :

Martin sabote systématiquement toutes ses relations amoureuses par peur qu'elles ne le rendent trop heureux. Dès qu'il sent que le lien se crée harmonieusement, qu'une complicité s'installe, qu'il commence à s'attacher à l'autre, il devient froid, parfois cassant. Il s'éloigne. Et ce changement brutal de comportement désarçonne ses partenaires. Elles le lui reprochent, perdent leur confiance en lui et en la relation. Et, plus elles ont besoin d'être rassurées, moins il le fait. Bien évidemment, ce petit jeu finit par lasser ces femmes qui en viennent à le quitter, sans jamais avoir vraiment compris ce qu'il s'était passé, ce qu'elles avaient bien pu faire pour que la relation tourne à l'échec.

––––––––

* tous les prénoms de mes patients ont été changés

Martin peut alors retourner à son état d'éternel célibataire. Il ne comprend bien sûr pas pourquoi « ça ne marche jamais », persuadé d'être à la recherche de la personne qui le rendra heureux.

Jeanne refuse les promotions qui lui sont proposées par crainte des responsabilités, du changement et, surtout, de la possibilité de bonheur que cela pourrait lui procurer. Elle trouve toujours une excuse : elle n'a pas suivi la bonne formation, son manager actuel n'apprécierait pas ce changement, elle serait obligée de changer d'étage alors qu'elle connaît bien celui où elle travaille depuis plus de dix ans…

Louis, tout juste retraité, repousse les invitations de ses amis à voyager et vit reclus chez lui. Ces derniers ne comprennent pas, l'ayant entendu se plaindre toute sa vie qu'il n'avait pas assez de temps pour le faire lorsqu'il était salarié. Maintenant qu'il est libre, avec de bons revenus, et qu'il est propriétaire de son appartement, il rechigne. Lui aussi trouve des excuses pour éviter de prendre le risque d'être heureux.

Alice, une jeune femme sublime, s'empêche de sourire et de montrer sa joie en public de peur d'attirer « le mauvais œil ». Elle craint de provoquer la jalousie, surtout celle des autres femmes. Elle minimise ses succès, qu'ils soient professionnels ou amoureux. Elle évite d'attirer les regards, préférant faire profil bas. Pour elle, il vaut mieux « faire pitié qu'envie ».

Ces stratégies d'évitement, si elles perdurent, peuvent avoir des conséquences néfastes sur la vie sociale et affective du chérophobe. Petit à petit, les occasions de créer des liens se raréfient, l'isolement s'installe insidieusement. Le chérophobe peut alors s'enliser dans une solitude qui renforce ses angoisses et l'éloigne encore davantage des possibilités d'épanouissement.

C'est pourquoi il est essentiel de repérer au plus tôt ces mécanismes d'esquive afin d'éviter que la personne ne s'enferme dans un cercle vicieux. Plus la chérophobie s'enracine, plus il devient difficile d'en sortir.

Les différentes manifestations de ce trouble offrent de précieuses clés de compréhension sur le fonctionnement psychique du chérophobe. Décryptons plus en détails ces symptômes révélateurs.

SYMPTÔMES COGNITIFS

Les symptômes cognitifs renvoient aux pensées, croyances et schémas mentaux caractéristiques de la chérophobie. Ils révèlent la façon dont ces patients appréhendent le bonheur. Voici les plus courants d'entre eux :

Pensées automatiques du type « Ce bonheur ne va pas durer »

Les chérophobes ont souvent des pensées automatiques négatives qui leur font anticiper le pire. Ils croient que le bonheur est éphémère, fragile, illusoire. Ils pensent que le bonheur est suivi inévitablement par le malheur, comme si c'était une loi universelle. Ils ont peur de perdre ce qu'ils ont acquis ou obtenu et ils pensent souvent que « c'est trop beau pour être vrai ! ».

Ces pensées automatiques sont des distorsions cognitives qui empêchent les chérophobes de profiter du moment présent et de savourer leurs émotions positives.

> Chloé m'a tout de suite dit, dès la première séance « Je n'ai pas droit à toute cette joie, je ne le vaux pas » lorsqu'elle vit des moments d'allégresse. À 35 ans, elle est célibataire, travaille comme assistante dans une petite entreprise et n'a pas beaucoup d'amis proches. Elle ne peut s'empêcher de penser « Ce n'est que temporaire, ça va tourner au

vinaigre » lors de chaque événement positif comme un anniversaire ou une promotion. De ce fait, elle s'empêche d'être trop heureuse pour ne pas attirer le malheur.

Impression que la joie dissimule un danger

Les chérophobes ont tendance à avoir une impression de menace permanente qui les empêche de se détendre et de se réjouir. Ils croient que la joie dissimule un danger, comme si c'était un piège, une tentation ou une faute. Ils pensent que la joie les expose au risque, à la vulnérabilité et à la culpabilité. Ils ont peur d'être punis, d'être jalousés ou d'être abandonnés.

Cette impression de danger pourrait provenir d'un conditionnement associant inconsciemment bonheur et souffrance. Des expériences passées où des périodes positives ont été suivies d'événements négatifs ont pu graver dans l'esprit du chérophobe l'idée que la joie est mensongère et fugace. Ce sentiment d'insécurité face au bonheur prend racine dans des schémas cognitifs erronés acquis au fil du temps.

> Martin ressent un malaise diffus en période de succès professionnel, convaincu que « ça cache quelque chose de mauvais, cette euphorie ne peut présager rien de bon. À tous les coups, ça va me retomber dessus d'une façon ou d'une autre et je vais me retrouver encore plus mal qu'avant ».

Focalisation sur les aspects négatifs

Certains chérophobes ont tendance à avoir une focalisation sélective sur les aspects négatifs de la réalité qui les rend pessimistes et déprimés. Ils ignorent ou minimisent les aspects positifs, comme s'ils n'existaient pas ou n'avaient pas d'importance. Ils se concentrent sur les problèmes, les échecs et les regrets. Ils se comparent aux autres en se dévalorisant ou en les enviant.

Cette perception sélective s'explique par ce que l'on nomme en psychologie le "biais de confirmation". Ce mécanisme fait que l'on va inconsciemment privilégier et rechercher les informations qui confirment nos croyances, tout en négligeant celles qui les infirment.

Ainsi, le chérophobe, convaincu que le bonheur est hors de portée, va naturellement amplifier dans son esprit tous les éléments venant étayer cette conviction: problèmes du quotidien, tracas mineurs, critiques reçues... À l'inverse, il va occulter ou minimiser les nombreux aspects positifs de son existence : compliments, réussites, moments de plaisir, etc.

Ce biais de confirmation agit comme une prophétie auto-réalisatrice, renforçant sans cesse la croyance initiale. Le chérophobe, focalisé sur le négatif, en vient à considérer le bonheur comme un objectif inaccessible, ce qui l'en éloigne d'autant plus.

Jeanne, alors qu'elle est en vacances, qu'il fait beau, que la maison qu'elle a trouvée sur un site spécialisé est parfaite, ne peut s'empêcher de se focaliser sur le fait que la pression de la douche n'est pas assez forte et que ça lui prend un bon quart d'heure pour laver ses cheveux. Elle rumine ce problème en permanence, gâchant son séjour et, par la même occasion, celui de son conjoint. Et, en rentrant à Paris, elle lui dit « Tu vois, je savais bien que nos vacances seraient nulles, comme d'habitude ». Elle s'est alors sentie rassurée : elle a bien raison, le bonheur n'est pas fait pour elle.

Minimisation des événements heureux

Souvent associée au symptôme précédent, nous retrouvons aussi une tendance à occulter ou minimiser les nombreux événements positifs émaillant l'existence. Alors que la plupart des gens reconnaîtraient leur chance dans ces petits bonheurs du quotidien, les chérophobes semblent frappés de cécité. Ils attribuent tout ce qui leur arrive de bien à de simples coïncidences, jamais à leurs qualités ou leurs efforts. Ces moments agréables sont rapidement balayés. Ils ne sont ni savourés, ni célébrés, ni partagés. Comme si les chérophobes ne les méritaient pas ou qu'ils étaient trop insignifiants pour compter. Une forme de déni qui les prive des joies simples de la vie.

Cette minimisation des événements heureux peut être liée à un manque d'estime de soi qui les empêche de s'aimer et de s'accepter.

> Martin relativise voire discrédite systématiquement les compliments ou marques de reconnaissance qu'il reçoit, les jugeant imméritées. Il utilise beaucoup l'humour, se moquant de lui-même et opposant une auto-critique féroce à tout compliment.

Idée de ne pas mériter le bonheur

De nombreux chérophobes sont animés par une intense culpabilité qui leur fait considérer le bonheur comme illégitime, comme s'ils ne le "méritaient" pas. Cette notion de mérite renvoie à des exigences inté-riorisées souvent dès l'enfance.

En psychanalyse, on parlerait du poids du "surmoi", cette instance psychique liée à l'éducation et à l'intégration des normes, qui impose au "moi" des standards élevés de mo-ralité. Le surmoi tyrannique du chérophobe lui intimerait qu'accéder au bonheur serait immoral sans efforts, sans sacrifices, sans perfection absolue.

Ainsi, le chérophobe s'inflige à lui-même des objectifs inatteignables, se jugeant constamment en dessous de ce qu'il "devrait" être pour goûter le bonheur. Cette quête éperdue de la perfection, pour répondre aux exigences parentales et sociales intériorisées, le conduit à un profond sentiment d'illégiti-mité et d'insatisfaction.

Les chérophobes ont tendance à avoir une idée erronée de ne pas mériter le bonheur qui leur fait refuser ou fuir toute situation susceptible de les rendre heureux. Ils se sentent illégitimes, indignes de savoir goûter la vie. Pour eux, le bonheur doit s'obtenir au prix d'efforts et de sacrifices. Ils s'imposent alors des exigences de perfection irréalistes, dans l'espoir de gagner cette joie qui leur semble inaccessible. Ils pensent qu'ils doivent être parfaits, sans défauts, sans faiblesses pour être heureux. Mais ce n'est pas tout : ils croient aussi qu'ils doivent répondre aux attentes des autres, aux normes sociales et aux obligations morales pour être heureux. Cette idée de ne pas mériter le bonheur est liée à une exigence excessive envers eux-mêmes qui les rend insatisfaits et frustrés.

Au fond d'elle-même, Chloé se sent fade, sans grand intérêt. Elle a l'impression de mener une vie monotone, routinière, et sans éclats. D'après elle, rien dans son apparence ni sa personnalité ne la distingue vraiment des autres. Chloé a donc incorporé ce sentiment de médiocrité, pensant qu'elle ne mérite pas de grandes joies ou réussites, n'ayant rien d'exceptionnel à offrir au monde.

Lorsqu'un événement positif survient dans sa vie - une promotion au travail, un nouveau petit ami attentif, un voyage imprévu - Chloé ressent immédiatement une forte culpabilité. Comme si elle volait un bonheur qui ne devrait pas lui revenir. Elle se convainc qu'elle doit d'abord évoluer, devenir meilleure, plus intéressante, avant de pouvoir pleinement goûter ces joies, qui ne sont pas faites pour quelqu'un d'aussi terne qu'elle. Sa chérophobie l'empêche de savourer l'instant présent.

SYMPTÔMES ÉMOTIONNELS

Les symptômes émotionnels font référence aux sentiments et réactions affectives suscités chez le chérophobe confronté à des situations agréables, ou tout du moins qui seraient perçues comme telles par la majorité de la population. Ces symptômes mettent en lumière la détresse psychique générée par la perspective du bonheur. Ils peuvent prendre les formes suivantes :

Anxiété en situations agréables

Les chérophobes ont tendance à ressentir une angoisse incompréhensible dans des situations qui devraient leur apporter du plaisir. Une fête entre amis, un restaurant romantique, des vacances en amoureux... autant de perspectives qui devraient les réjouir, mais provoquent au contraire une montée d'anxiété. C'est le fameux "refoulement des pulsions hédoniques" décrit par Freud : le moi du chérophobe se défend contre ce bonheur perçu comme menaçant pour l'équilibre psychique.

Noël est venu me consulter, car il était envahi de sueurs, palpitations et vertiges lors des événements festifs, ce qui les lui gâchait complètement. Il ne pouvait communiquer avec les autres dans l'insouciance, ce qui accentuait son mal-être.
Au début, il pensait souffrir de timidité maladive. Mais au fil des séances d'association libre, j'ai commencé à percevoir chez Noël une véritable phobie des situations joyeuses partagées.

En l'amenant à s'interroger sur les origines de son anxiété lors des fêtes, Noël a progressivement réalisé qu'il associait inconsciemment bonheur et danger. Derrière sa "timidité", se cachait en réalité une peur panique de la joie et du plaisir en groupe.

Sentiment diffus de menace

De manière générale, les chérophobes semblent habités par un sentiment de menace constant et indéfinissable. Rien de précis ne justifie rationnellement cette impression d'insécurité permanente. Mais elle parasite tous les instants, empêchant la personne de se détendre et de profiter de l'instant. Cette angoisse flottante témoigne de conflits psychiques non résolus, qui font vivre toute émotion un peu vive comme un danger.

Alice ressent un malaise indéfinissable lors de phases positives de sa vie, une impression diffuse que « quelque chose de terrible se prépare ». Elle ne sait pas exactement définir la nature de cette menace, mais elle la pressent, tapie dans l'ombre, prête à lui tomber dessus et à faire voler en éclats son bonheur.

Alice a donc pris l'habitude de toujours se préparer au pire. Elle garde en permanence dans le coffre de sa voiture un véritable sac de secours : médicaments, pansements, couverture de survie, eau, barres énergétiques... tout un attirail pour faire face à une potentielle catastrophe. Au moindre petit rhume, elle avale une tonne de vitamines en pensant « au cas où ça dégénère ». Si elle prévoit une journée agréable, elle vérifie que sa trousse de secours dans le coffre est complète, « au cas où il m'arriverait quelque chose ». La perspective de jours heureux, une promotion, un événement festif, tout est source d'anxiété pour Alice, car le bonheur fait monter en elle la peur panique du désastre imminent. Sa chérophobie la conduit à vivre dans l'expectative de la tragédie.

Appréhension à l'annonce d'une bonne nouvelle

Lorsqu'on leur annonce une bonne nouvelle à venir, promotion professionnelle ou cadeau par exemple, les chérophobes réagissent étrangement. Plutôt que de se réjouir, ils se crispent et deviennent fébriles, gâchant par avance l'événement. On dirait que ces perspectives positives réveillent en eux des traumatismes anciens qui les empêchent de savourer sereinement.

> Louis accueille les annonces joyeuses par un profond soupir, déjà focalisé sur les complications à venir qu'il élabore en détails, se reposant sur son expérience ou celle des autres, convaincu qu'il fait preuve de lucidité, et non pas de pessimisme.

Irritabilité lors d'événements festifs

L'affect d'irritabilité permet de masquer l'angoisse suscitée par la situation sociale agréable. Alors que la plupart des gens se détendent et s'amusent en festivités, les chérophobes y sont mal à l'aise. Ils masquent leur angoisse sous un voile d'agacement, s'isolant des autres convives. Incapables d'apprécier pleinement ces moments agréables, ils les gâchent bien souvent par leurs sautes d'humeur, se coupant de toute joie partagée.

> Jeanne me confiait qu'elle ressentait une profonde anxiété lors des fêtes de famille, au point de les gâcher par son irritabilité. J'ai utilisé la technique de l'association libre pour l'amener à s'interroger sur l'origine de ce malaise. Elle a alors réalisé que ces rassemblements joyeux réveillaient en elle l'angoisse d'être jugée et rejetée par le cercle familial. Derrière son irritation, se cachait une phobie du bonheur partagé.

Culpabilité de ressentir du plaisir

Lorsque par chance les chérophobes goûtent un moment de plaisir, celui-ci est rapidement gâché par un sentiment de culpabilité. Comme si cette sensation agréable était illégitime, inconvenante. Leur surmoi tyrannique leur interdit presque l'accès à la jouissance, tant celle-ci semble déplacée et condamnable à leurs yeux perfectionnistes.

Clémence a 35 ans, elle est mariée et mère de deux enfants. Elle a le sentiment que son rôle est de s'occuper de sa famille et de sa maison de manière irréprochable, en maintenant une discipline et une rigueur de tous les instants. Pour elle, laisser place à la légèreté, à la détente, au plaisir, c'est faillir à son devoir de mère et d'épouse. Lorsqu'elle s'autorise une soirée entre amies, qu'elle rit et se détend le temps d'un bon repas, ou encore lorsqu'elle prend du temps juste pour elle et ses loisirs, Clémence se sent rapidement envahie par la culpabilité. Elle a l'impression de ne pas être à la hauteur, de faillir à son rôle, de ne pas maintenir le contrôle qu'elle s'impose. Le bonheur est vécu comme une parenthèse honteuse dans son sérieux et son abnégation de mère de famille.

SYMPTÔMES COMPORTEMENTAUX

Les symptômes comportementaux désignent les conduites, attitudes et stratégies d'évitement typiques des chérophobes. Ils montrent comment ces personnes agissent concrètement pour repousser les expériences positives. En voici quelques exemples :

Évitement des mondanités

Les chérophobes déclinent systématiquement les invitations à des événements mondains, qu'il s'agisse de soirées entre amis ou de vernissages. Leurs excuses sont multiples, mais le véritable motif est la peur panique de s'amuser, de ressentir des émotions positives dans un contexte social. Ils se privent ainsi des plaisirs de la convivialité par crainte d'être submergés.

Sophie décline systématiquement les invitations même alléchantes de peur de passer un bon moment. Cela la met dans une position délicate face à ses amis, qui ne comprennent pas son manque d'enthousiasme. Mais le pire est que cela l'empêche de rencontrer quelqu'un, alors qu'elle se plaint sans cesse de son célibat qui lui pèse de plus en plus. Elle n'ose pas expliquer à ses amis les raisons de ce comportement paradoxal, étant persuadée que personne ne peut la comprendre.

Repli social

Petit à petit, à force d'éviter les interactions sociales, les chérophobes s'isolent du monde. Ils se replient sur un cocon où ils se sentent en sécurité, loin du danger que représentent à leurs yeux les relations humaines. Ce retranchement les coupe de tout soutien extérieur et renforce leur phobie du bonheur.

L'histoire de Martin est malheureusement exemplaire du processus de repli social chez le chérophobe. Il a progressivement coupé les ponts avec tous ses amis d'enfance.

Au début, il refusait juste certaines soirées qu'il savait trop festives. Puis les restaurants du samedi soir sont devenus trop bruyants et fatigants à ses yeux. Les week-ends sportifs entre amis, il les sabotait toujours avec de fausses excuses. Petit à petit, il a réduit ses sorties au strict minimum vital. Il est devenu un ermite par peur panique de s'amuser. Le bonheur en groupe était trop dérangeant et ne pas pouvoir le partager était trop angoissant.

Renoncement aux loisirs

Les loisirs et passions qui apportent du plaisir et de l'épanouissement sont délaissés par le chérophobe. Inconsciemment, il préfère se consacrer à des tâches ingrates mais rassurantes. Abandonner ces sources de joie est un moyen de mettre à distance ce bonheur effrayant. Mais c'est aussi se priver de tout équilibre.

Louis m'expliquait en consultation qu'il adorait la photo, c'était sa passion depuis l'adolescence. Il passait des heures à arpenter la ville à la recherche du cliché parfait. Puis un jour, ces balades solitaires ont commencé à lui faire peur. Il a rangé son appareil dans un placard. Le sport aussi était trop euphorisant, alors il a arrêté. Il s'est recentré sur des tâches rébarbatives sans aucun plaisir, mais qu'il maîtrisait. Il a l'impression d'avoir vidé son existence de toute joie pour se protéger.

Procrastination devant les opportunités

Les opportunités d'évolution sont systématiquement repoussées par les chérophobes: promotion qui implique plus de responsabilités, formation qui bousculerait la routine, nouvelle rencontre sentimentale... Tout changement, même positif, est perçu comme une source d'insécurité. La personne a tendance à reporter sine die les occasions positives qui se présentent.

Noël a laissé passer tant d'opportunités par peur panique du changement... Cette formation qui lui aurait permis d'évoluer, il l'a repoussée cinq fois. Ce job passionnant, il a fait rater l'entretien. Cette belle rencontre qui lui souriait, il l'a sabordée avec ses peurs. Chaque fois, il se disait : « C'est trop tôt, je ne suis pas prêt ». En fait, le bonheur sous toutes ses formes le tétanisait.

Sabotage des relations épanouissantes

Dès qu'une relation prend un tournant plus intime, qu'elle procure vraiment du bonheur, le chérophobe panique. Inconsciemment, il va alors tout faire capoter, par des crises, des doutes, des fuites... Entretenir une relation épanouie semble au-dessus de ses forces.

Julie me confiait en séance que, dès qu'une de ses relations devenait un peu sérieuse, elle paniquait. Elle devenait odieuse, elle cherchait la petite bête, elle fuyait. Elle ne supportait pas cette proximité émotionnelle qui la rendait heureuse malgré elle. Alors elle sabotait tout. Elle a fait souffrir beaucoup d'hommes qui ne demandaient qu'à l'aimer. Son bien-être passait après ses névroses.

Addiction aux substances calmantes:

Certains chérophobes abusent de tranquillisants, d'alcool ou de drogues pour tenter d'anesthésier leur peur du bonheur. Hélas cette fuite en avant ne fait qu'aggraver le trouble en empêchant tout travail thérapeutique.

Sophie ne se sent plus capable d'affronter le quotidien sans ses "happy pills", comme elle appelle les comprimés de Xanax. Dès qu'elle commence à ressentir une émotion positive, Sophie a pris l'habitude d'en avaler un comprimé. C'est devenu chez elle un réflexe automatique. Elle sait que cette dépendance aux anxiolytiques est néfaste, mais elle ressent le besoin viscéral de cette béquille chimique pour traverser la vie sans sombrer dans la panique. Parfois, elle potentialise les effets apaisants des médicaments en le mélangeant à de l'alcool, cherchant à anesthésier totalement la peur que provoque en elle la perspective du bonheur. Mais ces stratégies d'évitement ne font qu'aggraver son mal-être.

On le voit, la chérophobie impacte tous les aspects de la vie psychique. Les différents symptômes observés donnent un aperçu précieux du fonctionnement psychique du chérophobe. Mais il est également essentiel de s'intéresser à l'ensemble de sa personnalité, au-delà de la seule symptomatologie.

En effet, derrière l'expression de sa peur panique du bonheur se cachent des forces, des failles, une vision du monde singulière qu'il est indispensable d'appréhender dans leur globalité. C'est en considérant le chérophobe dans toutes les dimensions de son individualité que l'on peut véritablement percer à jour les racines du trouble.

Ainsi, la rigueur et le sens du devoir qui le caractérisent souvent constituent à la fois une qualité et un frein, car poussés à l'excès. De même, son hypersensibilité au jugement traduit tout à la fois une empathie et une faille narcissique.

En somme, symptômes et traits de personnalité s'éclairent mutuellement. Ils composent ensemble un tableau clinique cohérent dont il faut saisir les nuances, à l'image d'un puzzle complexe. C'est à cette cartographie détaillée de l'esprit chérophobe que le chapitre suivant est consacré.

LES DIFFÉRENTES FACETTES DU CHÉROPHOBE

Contrairement aux personnes souffrant de dépression qui est caractérisée, entre autres, par une humeur triste persistante, les chérophobes ne sont pas mélancoliques en permanence (cf "Introduction"). Ils connaissent des périodes neutres, voire positives, entrecoupées d'accès d'angoisse liés spécifiquement aux situations heureuses.

Le chérophobe se distingue aussi du dépressif par l'absence ou la présence minimale d'anxiété anticipative. Alors que le dépressif s'attend au pire de façon générale, le chérophobe ne le fait qu'à propos du bonheur, qu'il voit comme un leurre dangereux.

Par exemple, le dépressif évitera tout contact social par peur du rejet en général. Le chérophobe fuira plus spécifiquement les soirées entre amis, de crainte de s'y amuser.

Le premier est angoissé par le monde extérieur, le second par sa propre joie, ce qui est plus insidieux.

On comprend mieux à présent ce qui distingue un chérophobe d'un dépressif. Le premier n'est pas triste en permanence, mais éprouve une appréhension spécifique face aux expériences agréables, qu'il considère comme menaçantes. Il n'en est pas moins en état de souffrance, avec des répercussions sur sa vie quotidienne et celle de ses proches.

Là où le dépressif s'isole par perte de plaisir généralisée, le chérophobe s'isole par peur de ressentir du plaisir. C'est ce paradoxe qui m'a mise sur la piste de ce trouble étrange. J'ai conscience que ce tableau clinique atypique peut dérouter certains professionnels de santé (et la majorité d'entre vous !). Pourtant, il correspond à une réelle souffrance, et il est indispensable de la reconnaître pour pouvoir la soulager.

Analysons plus en détails ce profil psychologique singulier :

FORCES DU CHÉROPHOBE

Rigueur, sens du devoir

En termes psychanalytiques, il s'agit de l'intériorisation d'un surmoi parental exigeant qui pousse la personne à viser la perfection.

La personne est extrêmement rigoureuse et investie d'un profond sens du devoir qu'elle s'impose à elle-même. Elle se fixe des objectifs très élevés et s'efforce de les atteindre avec une discipline de fer.

> Marie-Alice est une comptable qui travaille dans une grande entreprise. Elle est très rigoureuse et respecte scrupuleusement les règles et les procédures. Elle se sent investie d'un sens du devoir envers son travail, sa famille, ses amis. Elle pense qu'elle doit toujours faire son maximum, sans jamais se plaindre ni se relâcher. Elle a peur du bonheur, car elle le considère comme une distraction, une faiblesse, une erreur.

Apparente maturité, sérieux

Sur le plan psychanalytique, on parle d'une identification projective aux qualités de maturité et de sérieux valorisées par les parents.

La personne se montre d'une grande maturité, posée et sérieuse en toutes circonstances. Elle donne l'image de quelqu'un de fiable et responsable, parfois au détriment de sa spontanéité.

> Alexandre est un étudiant en médecine qui a sauté plusieurs classes. Il est très mature pour son âge et se montre toujours sérieux et studieux. Il pense qu'il doit toujours être à la hauteur des attentes des autres, sans jamais se laisser aller ni s'amuser. Il a peur du bonheur, car il le trouve superficiel, enfantin, presque ridicule parfois.

Respect des règles, conformisme

Il s'agit de l'incorporation de normes sociales rigides conduisant au conformisme.

La personne accorde une importance excessive au respect des règles et aux conventions. Elle craint de s'écarter des sentiers battus et d'adopter un comportement déviant.

> Julie, professeure de français dans un collège de banlieue, s'en tient scrupuleusement aux programmes et aux directives de l'Éducation Nationale. Respect de la hiérarchie, correction des copies le week-end, participation aux conseils de classe... Tout doit être carré, conformiste. Un élan de joie spontanée en classe, un fou rire avec des élèves, et elle se raidit, mal à l'aise. Le bonheur, l'insouciance, ce n'est pas sérieux.

Sens des responsabilités

Sur le plan analytique, cela traduit l'identification à une imago parentale investie d'un sens aigu des responsabilités.

La personne se sent investie de lourdes responsabilités qu'elle prend très au sérieux. Elle endosse des charges qu'elle s'impose à elle-même par sens du devoir.

Marc est un père de famille de 35 ans qui a le sens des responsabilités et se soucie du bien-être de ses proches. Il pense qu'il doit toujours assurer la sécurité, le confort et l'éducation de sa famille. Pour lui, le bonheur serait une distraction qui risquerait de l'éloigner de ce chemin vertueux et responsable

Empathie pour les souffrants

Il s'agit d'une identification projective à la position dépressive d'autrui par hypertrophie de l'empathie.

La personne est profondément empathique à la souffrance d'autrui, au point de s'oublier elle-même. Elle se sent redevable d'aider et de soulager les personnes dans le besoin.

Sophie est une assistante sociale qui travaille dans un centre d'accueil. Elle a de l'empathie pour les souffrants et se dévoue pour les aider. Elle pense qu'elle doit toujours être à l'écoute et au service des autres. Elle a peur du bonheur, car elle le trouve indécent, injuste et immoral.

Goût de l'effort

Sur le plan analytique, c'est l'expression d'un idéal du moi fondé sur le goût de l'effort et le dépassement de soi.

La personne apprécie les défis et se fixe des objectifs toujours plus ambitieux nécessitant efforts et persévérance. Elle y trouve un sens et une valorisation d'elle-même.

Marie-Alice voue un culte à l'effort et à la performance. Chaque matin, cette triathlète de haut niveau enchaîne natation, vélo, course à pied. Aux yeux de cette trentenaire, la vie doit être une lutte permanente, un dépassement de soi de chaque instant. Alors quand parfois, épuisée, elle s'accorde une grasse matinée ou une soirée de détente devant une série, elle se sent aussitôt coupable. Comment peut-elle se complaire dans la facilité, elle qui se doit d'être une guerrière ?

FAIBLESSES DU CHÉROPHOBE

Perfectionnisme maladif

Il s'agit, le plus souvent, de l'incorporation d'exigences parentales excessives conduisant au perfectionnisme.

La personne se met une pression énorme pour ne commettre aucune erreur ni faute. Elle s'inflige des objectifs irréalistes et s'en veut terriblement si elle n'y parvient pas.

> Sybil, étudiante en droit, suit un régime draconien fait de nuits blanches et de révisions intensives. À 22 ans, elle s'impose une exigence quasi-maladive de perfection. La moindre erreur lui est insupportable. Alors, quand elle obtient une bonne note, au lieu de savourer, elle rumine : « J'aurais pu faire mieux ». Le bonheur, pour elle, c'est se relâcher, et elle redoute par dessus tout ce relâchement.

Peur panique du plaisir

En termes analytiques, on parle d'une peur panique face aux pulsions libidinales conduisant à leur refoulement.

La personne craint terriblement tout ce qui a trait au plaisir, à la détente, à la gratification. Elle s'en méfie et s'en défend comme d'une menace pour sa rigidité.

> Enchaînant les lignes de codes d'un geste frénétique, Marc ne voit pas les heures défiler. Ce développeur informatique voue un culte au travail. Weekends et congés sont autant de pertes de temps improductives qu'il ne s'accorde qu'à contrecœur, tout en se sentant coupable de ne pas passer plus de temps avec sa femme et ses enfants. Le moindre loisir est vécu comme une faiblesse. Marc ne comprend pas ceux qui recherchent le plaisir. Lui ne vit que pour coder.

Hypersensibilité au jugement

Il s'agit d'une faille narcissique résultant d'un manque d'étayage parental sécurisant.

La personne accorde une importance excessive au regard et au jugement d'autrui. Elle craint terriblement la critique et le rejet, ce qui la conduit à se censurer.

Journaliste dans un grand magazine féminin, Sarah surveille chacun de ses mots. À plus de 40 ans, elle guette en permanence l'opinion des autres, s'efforçant de ne froisser personne. Ses articles lissés, consensuels, ne prennent jamais vraiment position. Si parfois Sarah ose exprimer une opinion plus tranchée, elle s'en veut aussitôt. Et si ça déplaisait ? Qu'est-ce que les gens vont penser ? Non, mieux vaut rester dans le conformisme rassurant plutôt que de prendre le risque d'être rejetée.

Crainte de l'abandon

En termes analytiques, il s'agit de l'angoisse de perdre l'objet d'amour suite à un attachement insécure.

Le concept d'attachement renvoie au lien affectif précoce qui se noue entre l'enfant et ses parents ou figures d'attachement principales. Ce lien va influencer la façon dont l'enfant apprend à gérer le stress et à établir des relations interpersonnelles par la suite.

On distingue plusieurs types d'attachement :

- L'attachement sécure, où l'enfant a confiance en la disponibilité de ses figures d'attachement. Cela lui permet de s'épanouir et d'explorer le monde sereinement.

- L'attachement insécure, où l'enfant ne se sent pas en sécurité affective. Différentes formes existent : l'évitant (distance émotionnelle), l'ambivalent (peur de l'abandon), le désorganisé (relations traumatiques).

Cet attachement insécure conduit à un sentiment chronique d'insécurité et à la crainte d'être abandonné. L'enfant anxieux s'accroche désespérément à ses figures d'attachement et anticipe en permanence leur perte.

Cette insécurité affective précoce laisse des traces durables et se manifeste à l'âge adulte par des relations où l'autre est perçu comme ne pouvant assouvir le besoin affectif. D'où la peur panique de perdre l'être aimé.

La chérophobie peut prendre racine dans un attachement de type insécure créant un profond sentiment d'abandon.

Musicien de jazz, Lucas est fou amoureux de Sandrine, sa petite amie depuis 5 ans. Il vit dans la hantise de la perdre et s'efforce de répondre au moindre de ses désirs. Lucas a renoncé à tant de choses pour elle : ses amis, ses loisirs, ses aspirations... Il se sent coupable à la moindre pensée égoïste. Comment pourrait-il goûter le bonheur, alors que Sandrine pourrait le lui reprendre à tout instant ?

Estime de soi fragile

L'estime de soi fragile traduit une faille narcissique suite à un manque de gratifications parentales structurantes pendant l'enfance, c'est-à-dire les récompenses et renforcements positifs donnés par les parents lorsque l'enfant répond à leurs attentes. Il peut s'agir de compliments, d'encouragements, de marques d'affection.

Ces gratifications sont structurantes car elles permettent à l'enfant d'intérioriser un regard positif sur lui-même. Elles participent au développement d'une estime de soi solide et réaliste.

Lorsque ces gratifications font défaut, par manque d'expressivité ou d'attention des parents, l'enfant risque de développer un sentiment de doute sur sa valeur et ses capacités. Ne recevant pas assez de retours positifs, il peut se sentir insignifiant et indigne d'amour.

Á l'âge adulte, le manque de gratifications parentales structurantes pendant l'enfance fragilise durablement l'estime de soi et génère un sentiment de ne pas mériter d'être heureux.

> Emma passe des heures dans son studio à retoucher ses photos, pour ensuite les passer au crible d'une autocritique impitoyable. Cette photographe talentueuse ne voit que les défauts de son travail. Un vernissage approche, mais elle reste persuadée que ses clichés ne sont pas à la hauteur. Comment ose-t-elle se prétendre artiste, elle qui n'a aucun talent ? Le succès lui semble immérité.

Tendance à l'auto-sabotage

Sur le plan analytique, il s'agit de la résurgence de pulsions autodestructrices contrariant les désirs conscients.

La personne a tendance à saboter inconsciemment ses chances de réussite ou de bonheur lorsqu'elles se présentent. Elle se met des bâtons dans les roues par peur de l'accomplissement.

Théo, jeune chef prometteur, ne cesse de se lancer des défis culinaires toujours plus audacieux. Chaque nouvelle recette est un Everest qu'il se doit de gravir. Mais une fois au sommet, étrangement, la fierté ne vient pas. Théo sabote alors ses réussites par des excès en tous genres. Car réussir, pour lui, c'est surtout recommencer à zéro. Le bonheur d'un restaurant plein le laisse amer : ce n'est qu'un point de départ vers de nouveaux risques à prendre.

LA VISION DU MONDE DU CHÉROPHOBE

Méfiance envers le bonheur, perçu comme suspect

Il s'agit de la perception du bonheur comme une menace narcissique mettant à jour des failles personnelles.

La personne se méfie du bonheur, qu'elle perçoit comme suspect et dangereux. Elle le fuit comme s'il risquait de faire voler en éclats les protections de son ego.

> Sybil a obtenu une bourse pour partir étudier à l'étranger. Elle se sent méfiante envers le bonheur, qu'elle perçoit comme suspect. Elle pense qu'il cache quelque chose de mauvais, qu'il est trop beau pour être vrai, qu'il va se retourner contre elle. Elle n'ose pas se réjouir de son opportunité, car elle craint qu'elle ne soit qu'une illusion qui sera, sans aucun doute, suivie d'une grosse déception.

Minimisation des réussites, des qualités personnelles

C'est l'expression d'un complexe d'infériorité et d'une estime de soi défaillante.

La personne peine à reconnaître ses réussites et ses qualités. Elle les minimise, les attribue à la chance ou les compare à des standards inatteignables.

Marc a créé son propre site web. Il se sent insatisfait de ses réussites, qu'il minimise. Il pense qu'il n'a rien fait d'exceptionnel, qu'il n'a pas de talent, qu'il n'a pas de mérite. Il n'ose pas être fier de son travail, car il pense qu'il ne vaut pas grand-chose. Il peut employer des mots très durs envers lui-même : « Je ne fais pas le poids », « Je suis complètement nul ».

Centration sur les aspects sombres de l'existence

Il s'agit d'une focalisation sur les aspects sombres de l'existence traduisant une position dépressive.

La personne ne retient que les aspects négatifs de la réalité, ce qui nourrit son pessimisme. Le positif est occulté ou minimisé, renforçant son mal-être.

Sarah a voyagé dans plusieurs pays en guerre. Elle se sent triste face aux aspects sombres de l'existence, sur lesquels elle se centre. Elle pense que le monde est cruel, injuste et violent. Elle n'ose pas être heureuse dans sa vie personnelle, car elle pense que c'est indécent vis-à-vis de ce qu'elle a pu voir au cours de ses voyages. Si elle laissait le bonheur entrer, elle se sentirait irresponsable, voire immorale.

Idéalisation du sacrifice, de l'ascèse

C'est l'expression d'un surmoi rigide fondé sur le renoncement et l'abnégation.

La personne considère le bonheur comme futile et coupable. Seul l'effort semble méritoire à ses yeux.

> Loïc est un moine qui vit dans un monastère. Ce n'est pas un de mes patients, mais j'ai pu discuter avec lui lors de mes études. Il se sent vertueux par le sacrifice, qu'il idéalise. Il pense que le bonheur est une tentation, une faiblesse, et il considère cela comme une erreur. Il n'ose pas être heureux dans sa vie spirituelle, car il pense que c'est égoïste, superficiel et futile.

Pourtant, Loïc a conscience que cette phobie du bonheur va à l'encontre des enseignements prônés par le monastère. Mais malgré tous ses efforts pour s'en affranchir, il n'arrive pas à lâcher ses réflexes de privation et ses scrupules. Cette peur tenace du plaisir semble plus forte que sa volonté et sa soif de spiritualité. Loïc se sent tiraillé entre ses aspirations profondes à la sérénité et ses démons intérieurs qui l'enchaînent à la culpabilité. Un difficile combat dont il espère sortir grandi sur le chemin de la plénitude.

Croyance que savourer mène à la décadence

Il s'agit de l'influence de principes moraux intériorisés prohibant la jouissance comme néfaste.

La personne pense que savourer la vie mène à la déchéance morale. Elle s'interdit le plaisir et la gratification qu'elle juge condamnables.

Fatou est institutrice dans une école primaire. À 33 ans, elle mène une existence réglée d'une rigueur quasi-militaire. Lever 6 h, jogging, puis travail. Les rares moments de détente sont consacrés à des lectures édifiantes. Fatou s'est enfermée dans un carcan moral étroit, prohibant les plaisirs futiles qui selon elle mènent inexorablement à la déchéance. Loisirs, sorties entre amis, voyages, sont bannis comme autant de menaces. Quand parfois elle cède à la tentation d'un restaurant ou d'un verre entre collègues, Fatou ressent un malaise. Pour elle, savourer la vie ouvre la porte aux pires égarements. Alors elle repousse farouchement toute gratification, se jugeant indigne de ces joies qu'elle s'interdit.

Impression de ne pas mériter ce qui est valorisant et/ou positif

C'est la manifestation d'un idéal du moi exigeant et d'une estime de soi fragile.

La personne a l'impression de ne pas mériter son bonheur. Ses exigences envers elle-même lui font considérer la joie comme illégitime et illusoire.

> Théo a reçu une étoile d'un célèbre guide. Il se sent mal à l'aise d'obtenir plus que ce qu'il mérite, qu'il ressent comme une impression de mensonge. Il pense que le bonheur est illusoire, injustifié et immérité. De plus, il n'ose pas être heureux dans sa vie sociale, car il pense que c'est une chance, voire un vol.

On peut voir que le profil psychologique du chérophobe apparaît complexe et contrasté. Ses forces cachent en réalité de profondes faiblesses. Sa vision du monde teintée de pessimisme l'empêche de savourer les joies simples de l'existence.

DES ORIGINES TRAUMATIQUES

Chez mes patients chérophobes, j'ai souvent retrouvé des traumatismes liés au bonheur durant l'enfance. Lors des séances d'analyse, j'ai pu identifier chez beaucoup d'entre eux des souvenirs douloureux associant joie et punition, plaisir et douleur. Il semble que des expériences précoces aient profondément gravé dans leur psychisme l'idée que le bonheur était dangereux et intolérable.

On observe fréquemment un clivage entre les représentations positives et négatives, la joie étant systématiquement reliée à quelque chose d'angoissant. Il s'agit là d'une distorsion cognitive acquise suite à un conditionnement opérant malheureux. Lorsque l'enfant manifestait spontanément de la joie, ce comportement était suivi d'une punition ve-

nant renforcer l'association entre affect positif et danger.

Ces traumatismes infantiles ont conduit à
un surinvestissement de la position dépressive, le plaisir étant vécu comme une menace
persécutrice plutôt qu'une émotion accep-
table et naturelle. L'enjeu de la thérapie est
alors de résoudre ces nœuds pathogènes
pour permettre au patient de renouer un
rapport apaisé au bonheur.

En voici quelques exemples récurrents :

Punitions parentales

Certains individus ayant une peur du
bonheur ont reçu dans l'enfance des punitions sévères s'ils manifestaient trop de joie
ou d'enthousiasme. Leurs parents répri-
maient fermement toute expression jugée
excessive d'allégresse. Ces enfants ont intériorisé l'idée que le bonheur était prohibé et
condamnable. Ils ont appris à réprimer leurs
élans de joie pour éviter les foudres parentales.

Dans la famille de Chloé, les démonstrations de joie étaient très mal vues. Dès qu'elle exprimait de la gaieté ou de l'enthousiasme enfantin, comme sauter de joie à l'idée d'un cadeau, ses parents la réprimandaient durement. Leur réaction était toujours disproportionnée.

Elle se souvient qu'à 5 ans, elle avait été privée de dessert pendant une semaine juste pour avoir manifesté sa joie à l'annonce d'une fête.

Le message était clair : toute expression du bonheur, aussi innocente soit-elle, était prohibée à la maison. Elle a rapidement compris qu'il fallait étouffer ses élans de joie spontanée si elle ne voulait pas subir de sévères punitions.

Chloé a appris à maintenir en permanence une façade calme et posée, même si, intérieurement, elle avait envie de sautiller ou de rire.

Aujourd'hui encore, à chaque fois qu'une émotion positive l'envahit, cette peur irraisonnée d'être punie resurgit immédiatement. C'est plus fort qu'elle.

Son enfance a profondément associé joie et danger dans son subconscient.

Education rigide

D'autres personnes ont grandi dans un environnement éducatif rigide où les jeux, fêtes d'anniversaire et cadeaux étaient bannis, perçus comme futiles et néfastes. Leurs parents prônaient une forme d'ascèse prohibant toute réjouissance. Ces enfants ont assimilé que le plaisir était condamnable et qu'ils devaient réprimer leurs désirs d'amusements.

Fatou a grandi dans une famille extrêmement rigoriste où ses parents contrôlaient tout. L'amusement et les loisirs étaient prohibés, vus comme futiles. Elle n'avait le droit qu'à des activités éducatives. Les rares moments de détente qu'elle s'octroyait, comme lire une bande-dessinée ou jouer dehors avec des amis, elle devait le faire en cachette. Si ses parents la découvraient, elle se faisait sévèrement punir.

Les anniversaires étaient des journées comme toutes les autres, sans gâteau ni cadeau. Tout ce qui ressemblait à de l'amusement non-productif était banni de la maison. Seuls le travail, les devoirs et la prière comptaient vraiment. Résultat, le bonheur a pris dans son esprit l'aspect d'une grave faute, d'un péché presque. Même adulte, Fatou éprouve toujours un profond malaise et de la culpabilité à l'idée de s'amuser ou de se détendre. Elle a l'impression de commettre un délit, de transgresser un interdit fondamental inculqué depuis l'enfance.

Joies gâchées

Certains de mes patients évoquent des périodes joyeuses dans leur jeunesse systématiquement gâchées par un événement douloureux survenant juste après. Cette succession récurrente de joie avortée leur a appris à se méfier des moments de bonheur, perçus comme éphémères et fragiles.

Pendant son enfance, à chaque fois que Chloé vivait un moment de joie, comme le repas de Noël ou une sortie agréable, il était systématiquement suivi d'un événement négatif qui venait tout gâcher.

Chloé se souvient, par exemple, qu'à ses 8 ans, elle avait été tellement heureux d'avoir le vélo dont elle avait rêvé. Le lendemain, ses parents se sont disputés violemment et sa mère a fait une dépression. Ou quand elle a eu 15 ans et qu'elle a pu enfin avoir un téléphone portable. Quelques jours plus tard, son grand-père est décédé brusquement.

À force de vivre ce type de succession, Chloé a inconsciemment assimilé dans son esprit que bonheur rimait avec malheur. Elle a intégré que les périodes positives annonçaient immanquablement quelque chose de négatif. Aujourd'hui encore, chaque élan de joie fait immédiatement ressurgir cette appréhension du contrecoup qui va forcément survenir.

Une famille peu démonstrative

D'autres patients décrivent une famille peu démonstrative où les marques d'affection étaient rarissimes. Tout excès de joie constituait alors un contraste déstabilisant avec la froideur habituelle. Ces grandes variations émotionnelles ont conduit à une profonde méfiance envers les élans d'allégresse.

Marie-Alice a grandi dans une famille où l'on ne montrait pas ses émotions. Ses parents étaient des personnes rationnelles, froides et distantes. Dans ce climat, les rares fois où elle manifestait spontanément sa joie, en dansant, chantant ou s'enthousiasmant, cela suscitait leur réprobation.

Elle se souvient qu'à 6 ans, alors qu'elle tournoyait de bonheur dans le salon, sa mère lui avait lancé un regard glacial en lui disant d'arrêter "ces pitreries puériles". Elle avait ressenti un tel malaise face à son mépris...

Ces réactions lui ont appris à étouffer toute expression de bonheur. Elle a grandi dans la retenue, bridant ses élans ludiques ou affectueux qui auraient pu déplaire à ses parents. Même adulte, Marie-Alice peine à savourer pleinement les moments joyeux, de peur de susciter la désapprobation de son entourage. Cette éducation l'a durablement marquée.

Ces témoignages bouleversants illustrent comment certains traumatismes infantiles liés à l'éducation parentale peuvent conduire à une association durable entre bonheur et danger dans l'esprit de l'enfant. Mais il ne faudrait pas jeter la pierre à tous les parents. J'ai également reçu des récits tout aussi déchirants de la part de parents aimants, mais surprotecteurs, qui ont involontairement transmis cette phobie du bonheur à leurs enfants. L'influence parentale peut s'exercer de manière plus subtile et indirecte.

Il est essentiel d'accompagner ces familles avec compassion pour rompre ces schémas transgénérationnels. Au-delà des traumatismes explicites, l'empreinte des parents dans la chérophobie peut se manifester de diverses manières, parfois à leur insu.

En voici quelques exemples :

Culpabilité

Plusieurs patients ont évoqué la peur inconsciente de dépasser le niveau de bonheur atteint par leurs parents. Incapables de s'affranchir de ce carcan, ils se sabordent dès qu'ils s'approchent de la réussite.

En termes analytiques, il s'agit de l'intériorisation d'un surmoi parental sévère culpabilisant l'accès au bonheur. Plus simplement, la personne éprouve de la culpabilité à l'idée de dépasser en bonheur des parents malheureux.

> Pendant toute son enfance, la mère de Jeanne n'a cessé de lui répéter à quel point sa propre vie avait été malheureuse et difficile. Elle lui racontait en détail toutes les épreuves qu'elle avait traversées : son enfance dans la pau-

vreté, un mariage arrangé sans amour, des problèmes de santé, etc. Selon elle, le bonheur était un concept illusoire réservé à une élite. La vie était faite pour souffrir et il fallait l'accepter avec résignation. Elle décourageait Jeanne de cultiver de l'ambition ou de viser des buts épanouissants. À ses yeux, cela ne pouvait que mener à des déceptions. Jeanne a grandi avec cette idée qu'elle ne méritait pas d'être heureuse puisque sa mère ne l'avait jamais été. Inconsciemment, elle s'empêche de viser le bonheur ou le succès pour ne pas la dépasser ni lui manquer de respect. Pourtant, au fond d'elle, Jeanne a envie de s'épanouir et de goûter aux joies de la vie. Mais il lui faudra du temps avant de pouvoir s'affranchir du carcan mental que lui a légué sa mère et de s'autoriser à être heureuse.

Loyauté

Il existe parfois un attachement pathologique aux imagos parentales (représentations inconscientes intériorisées des parents) conduisant à une identification inconsciente au malheur familial. Autrement dit, la personne se sent redevable de fidélité envers la souffrance des parents.

> Fatou pense devoir rester dans une zone grise confortable par loyauté envers sa mère qui lui prédisait un avenir malheureux. Rompre ce pacte familial implique un difficile travail d'individuation.

Identification

J'ai aussi souvent vu des patients présenter une forme d'identification à la position dépressive d'un parent. Ils semblent adopter inconsciemment le pessimisme maternel ou paternel en reproduisant cette posture comme un legs.

> C'est le cas de Sandra qui confie s'être progressivement identifiée au pessimisme corrosif de son père. Ce dernier, aigri depuis un licenciement brutal, ne

croyait plus en rien ni en personne. «
Le bonheur n'existe pas » répétait-il
inlassablement. Sandra se souvient
avoir absorbé petit à petit, telle une
toxine, ce désespoir paternel. Elle re-
connaît s'être enferrée dans une vision
sombre de l'existence, incapable d'es-
pérer ou de savourer les joies fugaces.

Dépassement

Certains patients présentent une forte ré-
sistance aux processus d'individuation et de
dépassement du modèle parental. Ils
semblent redouter de surpasser le bonheur
ou la réussite de leur père ou mère.

Sophie analyse sa phobie du plaisir
comme la crainte viscérale de dépasser ses parents, d'atteindre une joie ou
un succès qu'ils n'ont pas connus.
Sophie se souvient de la jalousie de sa
mère lorsqu'elle ramenait une bonne
note. Inconsciemment, elle freine toute
ambition par loyauté. Oser s'épanouir
pleinement implique pour Sophie de

dénouer ce cordon ombilical et de s'affranchir du carcan parental.

Inversion

On observe parfois un mécanisme inverse, où ce sont des parents trop hédonistes qui sont source de chérophobie.

C'est ce qui est arrivé à Alexandre. Ses parents menaient une existence insouciante, passant d'amusement en amusement sans se soucier du lendemain. Alexandre se rappelle des fêtes alcoolisées qui duraient jusqu'au petit matin, de l'argent dépensé compulsivement en voyages ou en soirées. Enfant prudent et réfléchi, il supportait mal cette désinvolture. Ses parents le raillaient pour son sérieux, le traitant "d'enfant raté".
Adolescent puis jeune adulte, Alexandre a développé une phobie de l'amusement et de l'insouciance. Comme pour s'affirmer en opposition au modèle parental, il s'est enfermé dans une vie étriquée où le moindre

loisir était vécu comme une faute. Chercher le bonheur serait renier ses valeurs de travail et de rigueur.

Projection

Certains patients décrivent un phénomène de projection parentale : le père ou la mère semble avoir projeté sur l'enfant sa propre incapacité à goûter le bonheur.

Sandra indique que ses parents ne supportaient pas de la voir joyeuse ou épanouie. Chaque manifestation d'allégresse déclenchait leur agacement, voire leur colère. Inconsciemment, la petite Sandra a intégré ce rejet parental de la joie. Elle a appris à craindre et à réprimer ses propres élans euphoriques qui dérangeaient son entourage. Aujourd'hui, Sandra comprend qu'il lui faut distinguer ses émotions authentiques des projections parentales pour renouer avec sa capacité au bonheur.

Compensation

On observe parfois une forme de compensation visant à maintenir un équilibre familial imaginaire où chacun aurait un rôle déterminé.

> C'est ce qui s'est passé pour Louis : dans sa fratrie, il avait le statut d'"enfant sage". Ses parents valorisaient et renforçaient cette posture de fils modèle, posé et raisonnable, en opposition à ses frères et sœurs plus turbulents. Louis a intégré ce rôle compensatoire. Inconsciemment, il s'interdit toute insouciance ou élans hédonistes qui rompraient avec l'image de gentil garçon fiable. S'autoriser à goûter pleinement le bonheur impliquerait pour Louis de lâcher ce carcan identitaire forgé au sein de la fratrie.

Surprotection

J'ai pu aussi voir, au cours de séances, un surinvestissement parental ayant paradoxalement fragilisé le psychisme d'un de mes patients en le privant d'épreuves structurantes.

Cette hyper-protection parentale a rendu l'enfant hypersensible à la frustration.

> Emma évoque avoir grandi dans un cocon parental hyper-protecteur. Ses parents anticipaient le moindre de ses désirs, la couvant de manière étouffante. Ils l'empêchaient de faire des expériences par elle-même, toujours inquiets qu'il lui arrive malheur. Aujourd'hui encore, elle peut ressentir une véritable euphorie quand un projet se concrétise, mais celle-ci retombe vite par peur de l'avenir. Elle comprend que cette surprotection parentale l'a empêchée de développer une résilience autonome.

Perfectionnisme

Certains patients évoquent des parents aux exigences disproportionnées, conduisant à un perfectionnisme pathologique (en termes psychanalytiques, il s'agit de l'intériorisation d'un idéal du moi parental très élevé qui devient une exigence envers soi-même). Concrètement, sous l'influence de ce modèle parental d'excellence, l'enfant en vient à se fixer des objectifs irréalistes et à développer un rapport exigeant à sa propre personne.

Lucas décrit des parents qui valorisaient énormément la performance et les signes extérieurs de réussite. Ils collectionnaient les diplômes et postes prestigieux. Lucas se souvient que petit, chaque nouvelle acquisition matérielle de ses parents - maison, voitures, objets luxueux - était présentée comme le symbole d'une réussite dont il devrait s'inspirer. Il a intégré l'idée que seul un statut social élevé et des possessions valident le bonheur.

Aujourd'hui, malgré sa belle carrière, Lucas éprouve toujours le sentiment de ne pas en faire assez. Sa réussite lui semble insignifiante et illégitime ; il n'en tire aucune fierté, aucune joie.

Émotions refoulées

Parfois, on note un conditionnement à la répression émotionnelle face à des parents dénués d'affects.

Autrement dit, l'enfant refoule ses émotions, aussi bien négatives que positives, pour ne pas déstabiliser ses parents, cachés derrière un mur de retenue, voire de froideur.

José estime avoir grandi dans un climat familial étouffant les manifestations émotionnelles. Ses parents, de milieu modeste et issus de l'immigration, valorisaient la discrétion. On ne se plaignait pas, on ne riait pas fort, on ne pleurait pas en public. Il ne fallait pas attirer l'attention. José se souvient n'avoir jamais vu ses parents s'embrasser ou se prendre dans les bras. L'atmosphère était feutrée, pudique, contenue. Enfant sensible et enthousiaste, les élans d'allégresse de José étaient rapidement tempérés par le rappel à l'ordre parental. « Calme-toi », « Arrête de crier », « Comporte-toi comme il faut »… Il a appris très tôt à brider toute expression jugée excessive.

Compétition fraternelle

Il s'agit d'un besoin de différenciation vis-à-vis du frère ou de la sœur conduisant à un dénigrement de soi.

En d'autres termes, pour ne pas faire d'ombre au frère ou à la sœur, l'enfant se sous-estime et s'interdit le bonheur.

> Sarah est venue me voir pour une phobie du bonheur qu'elle lie à la dynamique dans sa fratrie. Elle estime avoir développé très tôt un comportement d'auto-dénigrement visant à ne pas susciter la jalousie de sa sœur aînée Manon. Cette dernière, excellente élève, était manifestement la fierté et la favorite de leurs parents. Sarah se souvient qu'adolescente, ses bonnes notes déclenchaient l'agressivité de Manon. Ses réussites étaient sabotées. Sarah a alors intériorisé qu'elle ne devait pas briller pour ne pas menacer sa sœur. Aujourd'hui encore, elle minimise

ses succès et s'empêche de les savourer.

Parents toxiques

Certains témoignages évoquent l'influence
de parents que l'on peut qualifier de
"toxiques", tant les interactions sont source
de dévalorisation et de souffrance. C'est le
cas avec :

- Des parents narcissiques, centrés
sur eux-mêmes, rabaissant ou igno-
rants des besoins de l'enfant.

- Des parents manipulateurs, utilisant la culpabilité et le chantage affectif pour contrôler l'enfant.

- Des parents exerçant des violences
psychologiques sur l'enfant : humilia-
tions, critiques, indifférence émotionnelle, chantage au suicide.

- Des parents en situation d'addic-
tions (alcool, drogues) créant un climat chaotique.

- Des parents ayant des troubles psychiatriques non traités impactant la relation à l'enfant.

- Des parents pratiquant l'instrumentalisation et asservissant l'enfant à leurs propres besoins.

Ces différentes formes de parentalité toxique, par les traumas qu'elles infligent, peuvent conduire à une profonde méfiance envers les expériences positives chez l'enfant devenu adulte.

> Lucas mentionne avoir grandi avec une mère clairement narcissique, qui rabaissait constamment ses accomplissements, se montrait d'une froideur affective, et le manipulait pour répondre à ses propres besoins. Lucas se souvient douloureusement de ses 8 ans, quand sa mère avait ignoré son anniversaire, puis balayé ses larmes en disant « Tu ne le méritais pas". Ces interactions délétères ont conduit Lucas à intégrer l'idée qu'il était indigne de re-

cevoir de l'amour ou du plaisir. Encore aujourd'hui, la moindre joie déclenche un profond malaise, la voix maternelle résonnant comme un interdit à transgresser.

Hypersensibilité

Un grand nombre de mes patients évoquent des parents peu disponibles émotionnellement, ce qui a pu générer un sentiment de manque affectif. Cette carence relationnelle précoce les a rendus hypersensibles au rejet et à l'abandon.

C'est le cas de Julie : ses deux parents, très investis dans leur carrière, étaient souvent absents physiquement et affectivement. Enfant, Julie interprétait le moindre signe d'intérêt de leur part comme un cadeau précieux. À l'adolescence, la peur panique d'être délaissée par ses amis la conduisait à des attitudes de soumission.

Aujourd'hui encore, la peur tenace de l'abandon l'empêche de s'engager pleinement dans une relation amoureuse. Julie comprend que cette hypersensibilité la conduit paradoxalement à une forme de phobie du bonheur, vécu comme trop fragile.

Enfant sage

Certains témoignages évoquent une forme de conformisation au rôle de "l'enfant sage" visant à satisfaire les attentes parentales. L'enfant réprime sa spontanéité et se conforme à l'image projetée par ses parents.

Fatou explique avoir endossé depuis l'enfance une posture d'enfant obéissante et effacée, afin de combler ses parents. Elle craignait terriblement de les décevoir ou de les contrarier. Elle réprimait ses élans de spontanéité, ses besoins personnels, pour se montrer "sage" et ainsi gagner l'approbation parentale. Alors qu'elle est maintenant adulte, Fatou éprouve toujours une vive culpabilité à l'idée d'exprimer des désirs légitimes si elle pressent une désapprobation.

Tristesse empathique

En termes analytiques, on parle d'une identification à la position dépressive d'autrui par hypertrophie de l'empathie.

> Sophie estime avoir développé très tôt une sensibilité extrême à la souffrance d'autrui. Dès l'enfance, elle se montrait submergé par la détresse des gens l'entourant, au point de s'interdire tout bonheur personnel. Cette forme de compassion démesurée conduisit à une phobie du plaisir, vécu comme une trahison envers les souffrants.

Exigences éducatives

Certains témoignages mettent en lumière des exigences éducatives parentales disproportionnées.

> Julie indique avoir grandi sous une forte pression de la réussite imposée par ses parents. Les moindres résultats scolaires en dessous de la perfection, quand bien même elle en avait été sa-

tisfaite et heureuse, entraînaient reproches et punitions. Julie a intériorisé ces exigences, développant un perfectionnisme tel que la moindre joie est perçue comme illégitime. Même adulte, elle éprouve le besoin de repousser tout contentement avant d'avoir atteint des objectifs irréalistes.

Parents dépressifs

Dans ce cas, l'enfant développe une identification projective à la mélancolie du parent, il cherche souvent à s'adapter à l'humeur de ce parent dépressif.

Clémence, ayant grandi avec une mère sévèrement dépressive, évitait de lui parler de ses propres problèmes ou tristesses, pour ne pas rajouter à son fardeau. Elle faisait même parfois semblant d'aller bien pour la rassurer. Mais intérieurement, Clémence ressentait une profonde solitude, ne pouvant s'appuyer sur elle. Avec le temps, elle a développé une forme d'inhibition à exprimer ses émotions positives, la joie lui

semblant incongrue face à la mélancolie maternelle.

LES AUTRES SOURCES DE LA CHÉROPHOBIE

Bien que l'éducation et la famille jouent souvent un rôle déterminant dans l'émergence de la chérophobie, il serait réducteur de n'envisager que ces origines. En réalité, les racines de cette phobie du bonheur sont multiples et peuvent puiser dans divers terreaux au fil du parcours de vie.

Au-delà de l'enfance, de nombreux événements ultérieurs peuvent fragiliser le rapport au plaisir et à l'épanouissement personnel. Il s'agit souvent de traumatismes ou d'épreuves qui viennent briser la confiance en soi et le sentiment de légitimité à goûter le bonheur.

Dans les récits de mes patients, j'ai pu identifier de nombreuses autres sources potentielles de la chérophobie, qui viennent s'intriquer de manière complexe avec l'influence parentale. Certains événements fonctionnent comme des déclencheurs ou des renforcements du trouble, même si ses germes avaient été semés précocement.

Par exemple, une séparation ou un deuil à l'âge adulte peuvent réactiver une chérophobie latente en confirmant l'idée que le bonheur est éphémère et fragile. Ou encore, un échec professionnel vient valider les croyances d'illégitimité à la réussite du chérophobe. Les moqueries subies peuvent aussi exacerber le sentiment de ne pas mériter le bonheur.

D'autres sources fréquemment retrouvées sont les troubles psychiques comme l'anxiété ou la dépression, qui induisent un pessimisme généralisé. Ou encore les traumatismes affectifs liés à une relation amoureuse toxique ou à la trahison d'un proche. Les accidents et maladies graves également, lorsqu'ils ébranlent profondément le rapport à la vie.

Ainsi, il me semble indispensable d'adopter une vision globale des racines de la chérophobie, sans se limiter au rôle des parents.

Je souhaite commencer par les deux aspects de la personnalité qui me semblent les plus propices au développement de la chérophobie : le tempérament anxieux et le Haut Potentiel Intellectuel.

Les personnalités anxieuses ont tendance à anticiper le pire, à interpréter de manière erronée les situations ambiguës comme menaçantes. Elles sont également très sensibles au jugement d'autrui.

Ces traits de caractère, lorsqu'ils sont marqués, peuvent conduire à une méfiance vis-à-vis des émotions positives, perçues comme dangereuses car susceptibles de mener à une désillusion ou à un rejet. L'anxiété envahit le sujet dès que des perspectives réjouissantes se présentent.

Il s'agirait donc d'une extension de l'anxiété généralisée au domaine du bonheur spécifiquement.

Concernant **le Haut Potentiel Intellectuel**, on peut également supposer un lien avec la chérophobie. En effet, ces personnalités très exigeantes envers elles-mêmes ont souvent une image idéale du moi difficile à atteindre. Leur sens aiguisé de la complexité du monde peut aussi les conduire à douter de la possibilité même du bonheur.

De plus, leur sensibilité et leur empathie développées peuvent générer une culpabilité à l'idée de vivre des émotions positives dans un monde imparfait. Ou encore, leur rapport au temps particulier peut les amener à considérer le bonheur comme un objectif trop futile.

Bien sûr, ces liens restent à nuancer et à préciser par des études cliniques rigoureuses. Mais mon expérience me porte à penser qu'il existe une certaine vulnérabilité psychologique propre aux personnalités anxieuses et surdouées, qui peut se cristalliser sous la forme d'une phobie du bonheur. Le travail d'introspection psychanalytique me semble particulièrement indiqué pour ces profils.

A présent, voici quelques exemples concrets et détaillés des autres possibles déclencheurs de la chérophobie :

Traumatismes affectifs

Une relation amoureuse douloureuse, une trahison d'un ami, un deuil... ces blessures sentimentales marquent parfois un "avant" et un "après" dans la confiance en soi. Elles peuvent entraîner une forme de résignation face au bonheur, perçu désormais comme trop fragile.

> Sandra a connu une relation passionnelle et fusionnelle qui s'est très mal terminée. Son copain l'a quittée du jour au lendemain pour une autre, sans explication. Elle en a été dévastée. Depuis, elle n'a plus confiance en l'amour et fuit tout rapprochement. Le bonheur lui semble trop éphémère et fragile désormais.

Échecs répétés

Des ambitions contrariées, des projets avortés, des licenciements... une succession de déconvenues peut progressivement terrasser l'élan vital et conduire à une forme d'autocensure. On renonce par avance à viser le bonheur pour éviter une nouvelle désillusion.

> José avait toujours rêvé de devenir écrivain. Mais après des années passées à accumuler les manuscrits refusés et les projets avortés, il a fini par renoncer à ses ambitions littéraires. Suite à cette succession de déconvenues, José ne croit plus en sa capacité à atteindre le bonheur et la réalisation de soi. Lorsqu'une opportunité stimulante se présente, José la fuit par peur d'essuyer un nouvel échec. Ses rêves contrariés l'ont conduit à une forme de résignation face au bonheur, désormais perçu comme étant hors de portée.

Accidents, maladies

Un handicap survenu brusquement, une maladie grave... ces épreuves physiques ébranlent certains dans leur capacité à goûter l'existence. Ils en viennent à se sentir coupables d'éprouver la moindre joie.

Une de mes collègues m'avait parlé de son patient Pierre, qui, depuis son AVC, ne pouvait plus pratiquer son sport favori, le tennis. Cet accident vasculaire l'avait diminué physiquement et avait ébranlé sa joie de vivre. Lorsque ses amis évoquaient des projets réjouissants, Pierre se renfermait, rongé par la culpabilité de ne pas être capable de savourer son bonheur d'avoir survécu. Il se sentait indigne de goûter le moindre plaisir après ce que la vie lui avait infligé.

Deuils

La mort d'un proche aimé peut provoquer une nuit intérieure où la perspective même du bonheur semble incongrue, voire indécente. Le temps est alors un allié précieux pour ré-apprivoiser la lumière.

La mort brutale de son mari a plongé Isabelle dans un profond désespoir. Elle s'interdit désormais tout projet d'avenir, convaincue que le bonheur lui est à jamais interdit sans lui. Sa maison est devenue une chapelle dédiée au souvenir de leur amour disparu. Elle repousse ses amis qui l'incitent à reprendre goût à la vie. Le bonheur lui semble être une trahison envers celui qu'elle a perdu.

Dépression

Les épisodes dépressifs, même passés, laissent souvent des marques sous forme de pensées automatiques négatives qui reviennent saboter les élans positifs.

Les épisodes dépressifs qu'a traversés Lucas ont laissé en lui des séquelles psychiques. Même en période de rémission, il lui arrive d'être submergé par des pensées noires qui viennent assombrir les moments positifs. Lorsqu'il se sent heureux, une petite voix insidieuse lui murmure qu'il ne le mérite pas et que ça ne durera pas. Sa dépression passée l'a rendu incapable de savourer pleinement l'instant présent.

Trauma d'abandon

Une séparation précoce des parents peut entraîner une profonde insécurité affective. De là, découle une difficulté à faire confiance au bonheur, de crainte qu'il ne soit que passager.

> Le départ soudain de son père alors qu'elle avait 8 ans a profondément marqué Sarah. Cet abandon brutal a généré chez elle une insécurité affective durable. Malgré un entourage aimant, elle doute constamment de la pérennité du bonheur. Lorsqu'une relation devient épanouissante, Sarah est envahie par l'angoisse que l'autre finisse par la quitter. Elle préfère souvent prendre les devants et saboter ce bonheur trop fragile à ses yeux.

Harcèlement

Les moqueries, insultes, brimades gravées dans une mémoire meurtrie engendrent un sentiment d'illégitimité face au bonheur. On le considère comme un dû inaccessible.

> Durant son enfance, les moqueries de ses camarades sur son physique ont profondément meurtri l'estime de soi de Clémence. Elle en a gardé un sentiment tenace de ne pas mériter d'être heureuse. Aujourd'hui encore, lorsqu'elle vit des moments de joie, une petite voix intérieure lui dit « Tu n'es pas digne de ça ». Ces paroles de harcèlement passé ont laissé une empreinte indélébile et entravent sa capacité à s'épanouir.

Ces différents traumatismes, parfois mêlés, créent un terreau propice pour le développement de la chérophobie, parfois dès l'enfance.

LA CHÉROPHOBIE DE L'ENFANT

La chérophobie peut malheureusement se manifester dès le plus jeune âge. Certains enfants, même avant l'adolescence, présentent déjà des signes de cette phobie du bonheur. Il est essentiel pour les parents d'être vigilants et à l'écoute de ces symptômes, afin de pouvoir aider leur enfant à retrouver une relation apaisée à la joie. Une prise en charge précoce augmente considérablement les chances de guérison. Elle évite un enracinement des mécanismes d'esquive qui handicaperaient durablement le développement de l'enfant.

Grâce à l'amour inconditionnel et à la bienveillance des parents, accompagnés si besoin de l'aide de spécialistes, l'enfant chérophobe peut surmonter ses peurs irrationnelles. Mais encore faut-il savoir repérer les signes avant-coureurs de ce trouble pour agir au plus tôt.

SYMPTÔMES DE LA CHÉROPHOBIE CHEZ L'ENFANT

Voici quelques symptômes type qui doivent alerter les parents :

• Lors des anniversaires ou des fêtes, l'enfant peut paniquer, pleurer, se mettre en colère ou présenter des symptômes physiques (maux de ventre, migraines...)

• Durant les réunions de famille joyeuses, il peut se montrer angoissé, irritable, casser l'ambiance par des caprices ou des pleurs.

• Face aux compliments sur ses résultats ou ses qualités, il minimise son mérite, refuse de les entendre, voire se met en colère.

• Il peut saboter les activités récréatives avec ses amis : annuler au dernier moment, instaurer des disputes...

• Après un succès scolaire ou sportif, il semble déprimé plutôt que fier et satisfait.

• Il affirme qu'il ne "mérite" pas d'être heureux lorsqu'un événement positif survient.

• Il repousse les marques d'affection physique et se braque lorsqu'on lui offre un cadeau.

Si l'enfant présente plusieurs de ces signes de manière durable, il peut souffrir de chérophobie. Mais attention à ne pas tirer de conclusions hâtives, chaque enfant réagit différemment. Observez-le avec patience et bienveillance.

COMMENT LUI PARLER ?

Cela semble évident, mais je précise quand même qu'il est préférable d'aborder ce sujet délicatement :

- Tout d'abord, choisissez des moments de calme quand l'enfant semble réceptif, pas en pleine crise.

- Rassurez-le en lui disant que vous l'aimez profondément et le soutiendrez quoiqu'il arrive.

- Expliquez-lui que cette peur du bonheur arrive à beaucoup de gens, qu'il n'est pas "anormal".

- Encouragez-le à s'ouvrir, mais sans forcer les confidences.

- Dites-lui qu'il a parfaitement le droit d'être heureux et de savourer les bons moments.

• Adaptez votre discours à son âge avec des mots simples. L'objectif est de créer un climat de confiance propice aux échanges.

QUE FAIRE AU QUOTIDIEN ?

Face à un enfant souffrant de chérophobie, l'attitude des parents et des proches au quotidien est cruciale. Par de petits gestes de soutien et d'encouragement, vous pouvez l'aider à apprivoiser la joie plutôt que de la fuir. Veillez à adopter une approche positive, sans forcer, mais en stimulant doucement sa capacité à savourer les bons moments.

Voici quelques conseils pour l'accompagner au mieux dans son défi contre cette phobie :

• Ne le punissez jamais pour une manifestation de joie, aussi excessive soit-elle.

- Montrez-lui l'exemple : savourez les petits plaisirs simples devant lui. Ce point est primordial, car l'enfant apprend principalement au travers de ce qu'il voit - et perçoit - chez lui.

- Félicitez-le chaleureusement pour ses réussites, sans minimiser l'importance de ses efforts.

- Organisez des week-ends ludiques en famille : jeux, balades, pique-niques... Cela l'aidera à lâcher prise.

- Incitez-le en douceur à profiter des bons moments avec ses amis : anniversaires, journées au parc...

- Soyez à l'écoute de ses besoins. L'objectif est de l'aider à voir le bonheur comme quelque chose de positif.

Vous pouvez aussi inventer des histoires, en fonction de son âge, et les lui raconter. En voici une toute simple comme exemple :

Léo, le petit lion qui n'osait pas jouer

Dans la savane, il y avait un petit lion qui s'appelait Léo. Léo ne souriait jamais et restait toujours tout seul dans son coin.

Un jour, Zoé la girafe s'approcha de lui :

« Léo, pourquoi tu ne viens jamais jouer avec nous ? Le soleil brille, c'est chouette de s'amuser ! »

Léo soupira : « Je préfère ne rien faire..."

Zoé était étonnée. « Mais jouer ça fait du bien ! Allez, viens te balancer sur cette branche avec moi ! »

Léo hésita puis accepta. Au début, il avait un peu peur. Mais à force de se balancer, il se sentit plus joyeux et poussa même des petits rugissements de plaisir !

« Tu vois, c'était rigolo ! » dit Zoé.

Léo était très content d'avoir osé.

Le lendemain, Zoé proposa une course dans la prairie à Léo. Encore une fois, il hésita puis dit oui.

Comme il aimait courir ! Le vent dans sa crinière était trop bien.

Petit à petit, grâce à son amie, Léo se mit à aimer jouer avec les autres petits animaux.

Il comprit que s'amuser n'était pas dangereux. Au contraire, ça lui donnait plein d'énergie !

Léo découvrit que s'amuser rend heureux. Il arrêta de se priver des jeux rigolos qu'il adorait.

QUAND CONSULTER UN SPÉCIALISTE ?

Si malgré votre soutien les symptômes persistent plusieurs mois et commencent à impacter sa scolarité, ses liens sociaux, son sommeil et/ou son appétit, n'hésitez pas à consulter un psychologue pour enfant.

Certaines thérapies cognitives et comportementales sont très efficaces chez le jeune chérophobe, à condition d'être prises en charge tôt. Le spécialiste saura vous guider.

La chérophobie se soigne d'autant mieux qu'elle est traitée jeune. Avec patience et bienveillance, votre enfant parviendra à surmonter cette phobie. Faites-lui confiance !

THÉRAPIES ET TRAITEMENTS

Heureusement, même si le chemin est ardu, il existe des solutions pour venir à bout de la chérophobie. Les principales approches sont :

La thérapie cognitivo-comportementale (TCC)

Elle va permettre d'identifier et de modifier les pensées et comportements néfastes liés à la peur du bonheur.

Des exercices d'exposition progressive à des situations agréables sont utilisés pour désensibiliser le patient.

Il s'agit d'une technique visant à diminuer progressivement l'anxiété associée aux situations agréables chez le patient chérophobe.

Concrètement, le thérapeute établit avec le patient une hiérarchie de situations sources de bonheur, du moins anxiogène au plus anxiogène.

Par exemple :

- Savourer un aliment qu'on aime

- Recevoir un compliment

- Faire une activité récréative en solo

- Partager un moment convivial avec un ami

- Organiser une fête

- Vivre des vacances en amoureux

On commence par exposer le patient à la situation la moins anxiogène, jusqu'à ce que son niveau d'anxiété diminue. Puis on passe à la situation suivante dans la hiérarchie, et ainsi de suite. Le but est de l'habituer progressivement à ressentir du bonheur sans déclencher d'anxiété.

Voici aussi quelques exemples d'exercices de restructuration cognitive qui peuvent être proposés au cours d'une TCC :

- Noter ses pensées automatiques négatives liées au bonheur (ex : « Je ne le mérite pas »)

- Identifier les distorsions cognitives (généralisation, catastrophisme...)

- Imaginer ce qu'on dirait à un ami dans la même situation

- Énoncer des pensées alternatives plus réalistes (ex : « Je peux me permettre de savourer ce moment »)

- Évaluer les preuves pour et contre la pensée négative

- Relativiser l'importance de l'erreur ou de l'échec

- Se féliciter pour ses réussites au lieu de les minimiser

- Rédiger une liste de ses qualités et atouts

- Tenir un journal de bord des moments agréables

- S'accorder une récompense après une étape difficile

Julie, dont l'enfance avait associé joie et punition, a pu grandement progresser grâce à une thérapie cognitivo-comportementale. Nous avons commencé par identifier ses pensées automatiques négatives face au bonheur. Puis, par des exercices, je l'ai aidée à les remettre en question et à les remplacer par des pensées plus réalistes. Ensuite, nous avons entamé une désensibilisation progressive à la joie. Julie s'est exercée à exprimer de petits bonheurs du quotidien, en prenant conscience que les punitions redoutées n'arrivaient pas. Petit à petit, elle a pu savourer des joies de plus en plus intenses en lâchant ses peurs irrationnelles.

La psychanalyse

La psychanalyse va permettre de remonter aux sources de la phobie, souvent ancrées dans l'enfance, et de dissoudre les nœuds émotionnels associés.

Grâce à l'association libre et à l'exploration de l'inconscient, des traumatismes refoulés liés au bonheur pourront resurgir. Le thérapeute accompagnera le patient dans ce voyage introspectif pour l'aider à verbaliser des émotions bloquées.

En prenant conscience de l'origine de ses blocages et en exprimant ses peurs irrationnelles, le patient pourra peu à peu se libérer de la rigidité intériorisée. Il comprendra que le bonheur n'est pas une menace, mais un droit légitime. Le cadre contenant de la thérapie et les interventions de l'analyste permettront la remontée progressive à la conscience des nœuds psychiques qui paralysent le patient.

Martin, qui associait bonheur et transgression, a beaucoup bénéficié de séances d'inspiration psychanalytique.

En explorant son enfance, il a pris conscience de l'origine de ses blocages. En verbalisant ses émotions refoulées, il a pu se libérer de la rigidité parentale intériorisée.

Il a compris que le bonheur n'était pas une faute, mais un droit légitime. Il a fortement ralenti sa consommation d'anxiolytiques et ose désormais s'écouter et s'accorder des loisirs sans culpabilité, en pleine conscience.

L'hypnothérapie et l'EMDR

L'hypnothérapie et l'EMDR vont permettre de désamorcer les réflexes inconscients qui associent joie et danger dans l'esprit du patient.

Par un travail de relaxation et de visualisation, l'hypnose va réorienter les associations d'idées erronées. Le thérapeute pourra suggérer de nouvelles connections positives pour remplacer les anciens conditionnements négatifs.

L'EMDR utilise les mouvements oculaires pour désensibiliser les souvenirs traumatiques. Les moments heureux passés qui déclenchaient l'anxiété vont progressivement perdre leur charge émotionnelle par ce processus de stimulation bilatérale. De nouvelles associations sereines au bonheur pourront émerger.

Ces techniques permettent de reprogrammer l'esprit à un niveau profond.

Les antidépresseurs et anxiolytiques

Dans les cas sévères, des antidépresseurs et des anxiolytiques pourront être prescrits de manière temporaire, en complément d'une psychothérapie.

Ils vont agir au niveau neurochimique pour rééquilibrer la sérotonine et diminuer l'anxiété. Cela permettra de préparer le terrain pour entamer un travail psychique en allégeant les symptômes paralysants.

Le traitement médicamenteux devra être adapté à chaque patient et réévalué régulièrement. L'objectif sera de le diminuer progressivement à mesure que la psychothérapie produira ses effets.

Le développement personnel

Ce terme un peu vague regroupe plusieurs "techniques" dont certaines, comme le yoga et la méditation, peuvent aider à apprivoiser l'instant présent et à lâcher prise.

En ce qui concerne le yoga, la pratique régulière de postures et d'exercices de respiration va pacifier le mental et le corps. Le patient va peu à peu développer la capacité d'accueillir ses émotions positives sans leur accoler d'appréhension.

La méditation de pleine conscience lui permettra également de se concentrer sur le moment, sans laisser les peurs envahir son esprit. Par un travail patient, il réapprendra à goûter les petits bonheurs fugaces de l'existence.

L'art-thérapie

L'art-thérapie peut aider à entrer en contact avec ses émotions refoulées et à les exprimer de manière apaisée.

À travers le dessin, la peinture, la danse ou le modelage, le patient va se reconnecter à son monde intérieur et laisser s'exprimer sa créativité. Le processus artistique sera contenant et sécurisant.

Guidé par le thérapeute, il pourra progressivement redessiner les contours de son rapport au bonheur, en explorer les couleurs et les nuances sans appréhension.

> Les activités artistiques ont beaucoup aidé Sophie à se réconcilier avec la joie qu'elle refoulait depuis l'enfance. En peignant, dansant ou modelant la terre guidée par ses élans créatifs, elle redécouvre le plaisir d'être soi, dans l'instant présent.

Le soutien par les pairs

Intégrer un groupe de parole avec d'autres chérophobes permet de briser la solitude face à cette phobie.

Le partage d'expériences est libérateur, car il normalise ce trouble si singulier. Les pairs peuvent témoigner de leurs victoires sur la peur et redonner de l'espoir.

La force du nombre et de la compassion mutuelle rend le travail thérapeutique moins intimidant. La guérison devient un projet collectif porteur de sens.

Lorsque Thierry a entendu parler pour la première fois de chérophobie, il s'est senti très seul face à ce trouble étrange dont il n'avait jamais entendu parler. Comment pouvait-il guérir d'une peur absurde que personne ne semblait comprendre ?

Heureusement, son thérapeute lui a suggéré de rejoindre un groupe de parole réunissant d'autres personnes souffrant de chérophobie. Thierry était terrifié à l'idée d'échanger sur sa phobie du bonheur, mais il s'est forcé à franchir le pas.

Dès la première séance, il s'est senti compris et soutenu. Pour la première fois, il rencontrait des gens qui vivaient les mêmes tourments que lui, cette peur panique dès que la vie leur souriait. Il n'était plus seul !

Au fil des séances, le partage de leurs expériences respectives l'a aidé à mieux comprendre ses réactions irrationnelles. Il a réalisé à quel point il était libérateur de pouvoir en parler sans tabou ni jugement.

Les conseils bienveillants des autres membres du groupe lui ont donné de précieuses clés pour avancer. Leurs petites victoires sur l'angoisse lui redonnaient espoir chaque semaine.

Grâce à ce soutien mutuel, Thierry a peu à peu apprivoisé sa chérophobie. Il se sent désormais suffisamment fort pour oser savourer les joies simples de l'existence, sans peur excessive.

Bien qu'exigeant, le travail thérapeutique finit le plus souvent par libérer le patient de ses entraves irrationnelles. Il renoue peu à peu avec le plaisir et le goût de vivre. Chaque petite victoire sur la peur compte et rapproche de la sérénité retrouvée.

Au-delà des thérapies validées scientifiquement, j'ai également testé dans ma pratique une technique plus expérimentale, qui peut aider certains patients superstitieux.

Il s'agit de leur proposer de s'attacher à un objet porte-bonheur, une figurine, une pierre précieuse ou un pendentif par exemple. Ils doivent garder cet objet précieux avec eux et le toucher à chaque fois qu'un événement positif se présente, comme pour conjurer le mauvais sort.

Cette approche peut sembler farfelue, mais joue sur l'effet placebo. Le fait de ritualiser le bonheur en activant cet objet fétiche peut contribuer à dissiper les peurs irrationnelles. Cela dit, cette méthode ne convient pas à tous les profils et doit s'envisager en complément des thérapies classiques.

Mais dans certains cas, lorsque le patient est quelque peu superstitieux, conseiller ce porte-bonheur attitré stimule une forme de pensée magique qui soulage et permet de mieux apprécier les joies fugaces de l'existence. Cela vaut la peine d'être tenté !

CONCLUSION

Au terme de cet ouvrage, j'espère avoir pu apporter un éclairage nouveau sur la problématique encore taboue de la chérophobie. Au-delà des préjugés et de l'incompréhension qui entourent ce trouble, se cache une souffrance psychique bien réelle qui brise de nombreuses existences.

Les différents témoignages rapportés montrent à quel point cette peur irrationnelle du bonheur peut envahir l'espace mental et entraver la capacité à s'épanouir. Prisonniers de leurs peurs chimériques, les chérophobes s'enferment dans une bulle qui les coupe inexorablement des joies de la vie.

Cependant, il ne s'agit en aucun cas d'une fatalité. À condition d'être diagnostiquée puis prise en charge de manière adaptée, la chérophobie se soigne. Les différentes approches thérapeutiques présentées offrent un panel d'outils prometteurs pour venir à bout de ce trouble et rompre l'association subconsciente entre plaisir et danger.

Bien sûr, ce processus exige temps et patience de la part du thérapeute comme du patient. Des rechutes sont possibles. Nul ne peut effacer d'un coup de baguette magique les traumatismes profonds à l'origine de la phobie. Mais les victoires petites et grandes s'accumulent, les mécanismes d'esquive s'estompent, la confiance en soi se restaure.

Et un jour vient où la personne ose à nouveau rêver, aimer, créer. Un jour où elle s'autorise enfin à goûter pleinement l'instant présent, sans peur ni culpabilité. Alors seulement, elle peut reprendre sa route, libérée du carcan de la chérophobie.

GLOSSAIRE

Analyse psychodynamique : Méthode d'analyse de l'inconscient basée sur la théorie psychanalytique

Complexe d'Œdipe : Conflit psychique du petit garçon attiré par sa mère et rivalisant avec son père

Distorsions cognitives : Erreurs de pensée conduisant à une perception déformée de la réalité

DSM-5 : Manuel diagnostique et statistique des troubles mentaux, 5ème édition

EMDR : Méthode de psychothérapie utilisant les mouvements oculaires pour traiter les traumatismes

Idéal du moi : Image idéalisée de soi-même construite à partir des modèles parentaux

Imagos parentales : Représentations intériorisées des images du père et de la mère

Identification projective : Mécanisme d'identification inconsciente à autrui

Moi : Instance psychique reliée au cadre de la personnalité et de l'identité

Nosographie : Classification des maladies

Projection : Mécanisme de défense attribuant à autrui des pensées ou émotions que l'on rejette

Pulsions libidinales : Énergie psychique liée aux pulsions sexuelles et créatrices

Sublimation : Mécanisme de défense consistant à réorienter les pulsions vers une activité socialement valorisée

Surmoi : Instance psychique reliée à l'éducation parentale et aux interdits moraux

Thérapie cognitivo-comportementale (TCC) : Méthode thérapeutique visant à modifier les pensées et les comportements

Troubles bipolaires : Maladie psychique alternant phases dépressives et phases maniaques

BIBLIOGRAPHIE

Freud, S. (1920). *Au-delà du principe de plaisir,* Paris, Payot.

American Psychiatric Association. (2015). *DSM-5 : Manuel diagnostique et statistique des troubles mentaux,* Issy-les-Moulineaux, Elsevier Masson.

Fromm, E. (1956). *The art of loving,* New York, Harper & Row.

Fromm, E. (1941). *Escape from freedom,* New York, Farrar & Rinehart.

Cyrulnik, B. (1989). *Sous le signe du lien,* Paris, Hachette.

Dolto, F. (1984). *L'image inconsciente du corps,* Paris, Seuil.

Lecourt, E. (2004). *Dépression et philosophie,* Paris, PUF.

Miller, A. (1979). *C'est pour ton bien. Racines de la violence dans l'éducation de l'enfant,* Paris, Aubier.

Cauquelin, A. (2016). *Les théories de l'art,* Paris, PUF.

Ricoeur, P. (1990). *Soi-même comme un autre,* Paris, Seuil.

Foucault, M. (2001). *L'herméneutique du sujet,* Paris, Seuil.

Cyrulnik, B. (2001). *Les vilains petits canards,* Paris, Odile Jacob.

Bowlby, J. (1969). *Attachment and Loss: Volume 1. Attachment,* New York, Basic Books.

Winnicott, D.W. (1975). *Jeu et réalité,* Paris, Gallimard.

A propos de l'auteur :

Véronique Lopez est diplômée en psychologie et psycho-physiologie, et a suivi des formations de psychanalyse et de psychothérapie qu'elle exerce à Paris.

Elle est spécialisée dans les troubles de l'humeur et de la personnalité, les difficultés relationnelles, et les problèmes liés au manque de confiance en soi.

Forte de sa longue expérience de thérapeute, elle a publié plusieurs articles et livres, accessibles à tous, sur la psychologie des couleurs, et sur des problématiques psychologiques telles que l'asexualité, le narcissisme, la mélancolie, etc.